Los conductores de autobús

Laura K. Murray

semillas del saber

CREATIVE EDUCATION • CREATIVE PAPERBACKS

Publicado por Creative Education y Creative Paperbacks
P.O. Box 227, Mankato, Minnesota 56002
Creative Education y Creative Paperbacks son marcas
editoriales de The Creative Company
www.thecreativecompany.us

Diseño de Ellen Huber
Producción de Grant Gould
Dirección de arte de Rita Marshall
Traducción de TRAVOD, www.travod.com

Fotografías de Alamy (Adrian Buck, PA Images, Yelizaveta
Tomashevska, Wavebreak Media ltd, Donka Zheleva),
Dreamstime (Konstantinos Moraitis), Getty (Stephen Simpson),
iStockphoto (mladn61, stockstudioX, tampatra), Shutterstock
(Africa Studio, Alaettin Y1LDIRIM, doomu, Lens Hitam,
LittlePerfectStock, Joko SL, Stuart Monk, Jaroslav Pachy sr,
Quality Master, sondem, Petr Student, Syda Productions)

Library of Congress Cataloging-in-Publication Data. Names:
Murray, Laura K., 1989- author. Title: Los conductores de
autobús / Laura K. Murray. Other titles: Bus drivers. Spanish
Description: Mankato, Minnesota : Creative Education and
Creative Paperbacks, 2023. | Series: Semillas del saber | Includes
bibliographical references and index. | Audience: Ages 4-7 |
Audience: Grades K-1 | Summary: "Early readers will learn
how bus drivers drive in all kinds of weather. Full color images
and carefully leveled text highlight what bus drivers do, where
they work, and how they help the community."-- Provided
by publisher. Identifiers: LCCN 2022007338 (print) | LCCN
2022007339 (ebook) | ISBN 9781640267008 (library binding) |
ISBN 9781682772560 (paperback) | ISBN 9781640008410 (pdf)
Subjects: LCSH: Bus drivers--Juvenile literature. | Community
life--Juvenile literature. Classification: LCC HD8039.M8 M8718
2023 (print) | LCC HD8039.M8 (ebook) | DDC 388.3/22044023-
-dc23/eng/20220215 LC record available at https://lccn.loc.
gov/2022007338. LC ebook record available at https://lccn.loc.
gov/2022007339.

TABLA DE CONTENIDO

¡Hola, conductores de autobús!

Los conductores de autobús llevan a las personas de un lugar a otro.

Pasan mucho tiempo en la carretera.

Algunos conductores de autobús conducen un autobús pequeño.

Otros, conducen un autobús grande.

Los conductores de autobús necesitan un entrenamiento especial.

Los conductores de autobuses escolares llevan a los alumnos a la escuela y de regreso. El conductor saca un señal de alto. Otros vehículos se detienen.

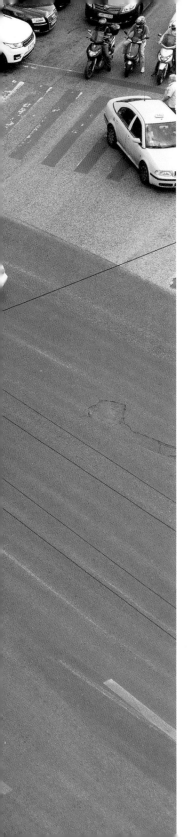

Muchos conductores de autobús trabajan en la ciudad. Van a las paradas de autobús o a las estaciones de autobuses.

Los conductores de autobús siguen las reglas. Son prudentes al conducir.

Ellos conducen bajo condiciones de lluvia, nieve y neblina.

Los conductores de autobús hacen muchas paradas.

Siguen una ruta.
Los pasajeros
suben y bajan.
El conductor
del autobús les
ayuda.

¡Gracias, conductores de autobús!

Visualiza un conductor de autobús

asiento

cinturón de seguridad

boleto

intercomunicador

ventana

volante

Palabras para saber

entrenamiento: algo que hace que una persona mejore o esté lista para algo

paradas de autobús: lugares donde los autobuses se detienen para recoger o dejar a las personas

ruta: un camino establecido para viajar

vehículos: cosas que desplazan gente u objetos

Índice